Comité de réforme du Mariage

LA
RÉFORME DU MARIAGE

EXPOSÉ DES MOTIFS ET PROJET DE LOI

On ne peut vivre à l'état social
que libres et responsables.

HENRI COULON.

PARIS
IMPRIMERIE ET LIBRAIRIE GÉNÉRALE DE JURISPRUDENCE
MARCHAL et BILLARD
IMPRIMEURS-ÉDITEURS, LIBRAIRES DE LA COUR DE CASSATION
Place Dauphine, 27
1906

LA

RÉFORME DU MARIAGE

ANGERS. — IMPRIMERIE A. BURDIN ET Cie, 4, RUE GARNIER.

Comité de réforme du Mariage

LA
RÉFORME DU MARIAGE

EXPOSÉ DES MOTIFS ET PROJET DE LOI

> On ne peut vivre à l'état de société
> que libres et responsables.
>
> Henri Coulon.

PARIS
IMPRIMERIE ET LIBRAIRIE GÉNÉRALE DE JURISPRUDENCE
MARCHAL et BILLARD
IMPRIMEURS-ÉDITEURS, LIBRAIRES DE LA COUR DE CASSATION
Place Dauphine, 27
1906

Le Comité de la réforme du mariage a terminé la première partie de ses travaux et vient de charger son président M° Hen ri Coulon et son secrétaire général et fondateur, M. René de Chavagnes, de déposer sur le bureau de la Chambre et sur celui du Sénat le projet de loi que nous publions ci-dessous avec l'exposé des motifs qui le précède.

Rappelons que ce Comité est formé de :

Mme Avril de Sainte-Croix, vice-présidente,

MM. Victor Margueritte, Lucien Le Foyer, J. Joseph-Renaud, membres du bureau.

MM. Paul Adam, Henri Bataille, Jules Bois, Armand Charpentier, Lucien Descaves, Jean Finot, Léopold Lacour, Maurice Leblanc, le président Sébastien-Charles-Leconte, Pierre Louys, Maurice Maeterlinck, Paul Margueritte, Octave Mirbeau, Charles Morice, Raymond Poincaré, Marcel Prévost, Jules Renard, le président Magnaud, le président Séré de Rivières, C. M. Savarit, le docteur Toulouse, Octave Uzanne ; Mmes Bertault-Seguin, Oddo-Deflou, Hera Mirtel, J. Schmahl et Séverine, membres actifs.

EXPOSÉ DES MOTIFS

Il serait puéril de se dissimuler que l'institution du mariage traverse en ce moment une phase critique; philosophes et romanciers proclament à l'envi sa faillite, c'est peut-être aller un peu loin.

Déclarer la faillite du mariage, enquêter sur la faillite du mariage c'est poser le problème redoutable de l'union des sexes à l'aurore du XX° siècle d'une façon qui n'est pas exacte.

Mais il n'en est pas moins vrai qu'il y a un intérêt réel, sérieux à modifier la constitution du mariage; ici aussi, il faut reviser (Henri Coulon, *De la réforme du mariage*, 1900).

Ce principe posé, quel plan doit être suivi? Il faut :

Que l'entrée dans le mariage soit rendue aussi facile et aussi peu onéreuse que possible, on aura ainsi aidé à l'accroissement des unions fondées sur l'amour, les seules vraiment dignes.

Ensuite, il faut assainir le mariage en accordant aux époux mêmes droits, mêmes devoirs, responsabilités égales. On l'aura par cela rendu plus habitable, moins immoral qu'il ne l'est actuellement.

Et enfin — cela est essentiel — il faut en élargir la porte de sortie en facilitant le divorce, le divorce qui deviendra la séparation digne de deux êtres conscients et ne sera pas l'abominable comédie qu'il est actuellement.

Ce faisant, on aura tellement agrandi, assaini, aéré le mariage qu'il ne restera plus des odieuses murailles qui l'entourent que juste ce qu'il faut, tant que le sentiment de la justice ne sera pas suffisamment développé au milieu de nous pour protéger les faibles, c'est-à-dire les enfants.

Le mariage même indissoluble n'est pas un lien pour ceux qui veulent le rompre et dont les mœurs sont déréglées. La liberté absolue n'est pas un obstacle à la fidélité et à la constance; bien plus à notre avis la liberté est une cause de constance.

Il ne faut d'ailleurs pas attacher à la loi une puissance qu'elle n'a pas. Ce qui oblige les époux à vivre ensemble ce ne sont pas les principes écrits dans le Code.

Le divorce n'est pas un bien, c'est un remède, quoiqu'il ne soit nullement démontré que le divorce soit un mal plus grand que la vie en commun d'êtres qui se haïssent.

Il serait préférable que les mariages fussent parfaits, que le mari et la femme s'aimassent toujours comme au premier jour; que l'un et l'autre ne fussent jamais que d'accord, qu'ils adorassent leurs enfants, l'un et l'autre, et autant les uns que les autres.

Enfin, il vaudrait mieux que l'humanité fût sans vices et sans défauts.

Mais..... c ar il y a toujours un mais à tout, ici-bas, il n'en va pas ainsi.

Le divorce comme nous le comprenons, rend le mariage plus digne, plus fécond, plus souple, se prêtant mieux aux mouvements des sociétés nouvelles et aux besoins de l'esprit moderne. Grâce à lui, le mariage devient non seulement plus moral par l'équitable répartition des droits et des devoirs réciproques des époux, mais plus abordable, plus attrayant, plus compréhensible.   ·

Pour répondre à sa véritable destination, un code civil devrait présenter une suite d'institutions juridiques toutes logiquement déduites les unes des autres, et appuyées toutes sur les mêmes principes essentiels. Une législation composée de dispositions incompatibles ou reposant sur des bases opposées ou même seulement différentes de nature, manque de la cohésion nécessaire pour constituer une œuvre durable et pour donner satisfaction aux aspirations d'une grande nation.

Sous ce rapport, comme sous beaucoup d'autres le Code civil français est loin d'atteindre la perfection.

L'égalité civile des deux sexes constitue un principe fondamental de droit moderne. Le code civil attribue en effet à l'homme et à la femme les mêmes facultés héréditaires; pour mieux garantir les droits de la femme, il abolit l'usage des renonciations aux successions futures (art. 791 et 1389), et les substitutions destinées à faire revivre entre les enfants les distinctions d'âge ou de sexe admises par l'ancien régime (art. 1050) ; enfin il reconnaît à l'homme et à la femme une égale capacité de contracter (art. 388 et 488). Mais l'égalité civile cesse dans les rapports conjugaux : en s'engageant dans les liens du mariage, la femme aliène une partie de ses droits et se soumet à une véritable incapacité temporaire, incapacité qui disparaît du reste avec la raison qui lui a donné naissance.

Le contraste entre l'incapacité de la femme mariée et la capacité de la femme libre forme l'un des traits les plus caractéristiques de notre législation, c'est un de ces cas remarquables d'application de l'idée dominante dont les rédacteurs du Code civil ont tiré l'organisation du mariage et de la famille. L'esprit qui a présidé à la rédaction des lois du Consulat et de l'Empire n'était plus l'esprit de liberté qui avait animé d'une ardeur si généreuse les premières années de la Révolution.

Une nouvelle conception du droit, basée sur une admiration excessive du droit romain, et provoquée par des tendances politiques alors nettement acusées, a introduit dans la loi civile le principe d'autorité, et l'a poussé jusqu'à ses conséquences les plus extrêmes. Le Code civil soumet donc la femme à la puissance maritale (art. 215 et suiv.) dont la jurisprudence a fait depuis une véritable tutelle (Gide, *Condition de la femme*) et il fait du mari non seulement le chef, mais encore en quelque sorte le maître de la communauté, proclamée régime de droit commun (art. 1393, 1421, 1422, 1428, 1430).

Mais le premier projet de Code civil, rédigé par Cambacérès à la demande de la Convention, ne parlait pas de la puissance maritale, et reconnaissait par suite à la femme mariée la capacité intégrale de contracter sans l'autorisation de son mari ou de justice. Il admettait, il est vrai, la communauté comme régime légal, mais il ajoutait : « Les époux ont ou exercent un droit légal pour l'administration de leurs biens. Tout acte emportant vente, engagement, obligation ou hypothèque sur les biens de l'un ou de l'autre, n'est valable s'il est consenti par l'un ou par l'autre des époux. »

« Les actes ayant pour objet de conserver les droits communs ou individuels des époux peuvent être faits séparément par chacun d'eux ». D'autre part, l'art. 9 du titre II du même projet consacrait le principe de la dissolution du mariage « par la volonté persévérante de l'un des époux », et l'art. 2 du titre VI autorisait le divorce par consentement mutuel.

D'ailleurs la loi du 20 septembre 1792, alors en vigueur, appliquant déjà l'idée d'égalité aux relations entre conjoints déclarait logiquement les époux égaux dans la faculté du divorce, et permettait à chacun d'eux de réclamer la dissolution du mariage en alléguant l'incompatibilité d'humeur.

Or, l'attitude des rédacteurs du Code civil à l'égard du divorce devait naturellement être toute différente de celle des membres de l'Assemblée législative et de la Convention.

S'ils n'osèrent pas aller jusqu'à proclamer l'indissolubilité du mariage, ils entourèrent le divorce de restrictions nombreuses destinées à en rendre l'usage fort difficile : non seulement ils réduisent le nombre des causes pour lesquelles il restait désormais possible d'y recourir, mais surtout ils en compliquent à l'envi la procédure, en imaginant des formalités si nombreuses que souvent elles constituaient l'équivalent d'une fin de non recevoir (Dépinay, *Revue du Notariat*, 1903).

Au point de vue historique, par conséquent, à une loi favorable au divorce correspond rationnellement une législation octroyant à la femme une capacité complète et lui attribuant une initiative semblable à celle du mari dans la gestion de leurs intérêts respectifs.

Si le projet de Cambacérès se rattache à la communauté et ne se prononce pas en faveur de la séparation de biens, qu'il aurait dû logiquement adopter comme régime de droit commun, au moins ses causes, c'est que le principe de la séparation de biens n'était pas alors nettement compris, et que les traditions nationales étaient encore assez fortement enra inées dans l'esprit même des Conventionnels les plus avancés pour faire à leurs yeux du maintien de la communauté coutumière une obligation législative inévitable.

Au contraire, dès que la loi restreint la faculté du divorce, comme l'a fait le code civil, elle aboutit fatalement à l'incapacité complète de la femme et à la subordination exclusive de l'épouse au mari, non seulement pour l'administration et l'aliénation des biens communs, mais aussi pour l'administration de ses biens propres.

C'est qu'en effet toutes ces idées découlent l'une de l'autre : si le principe de l'égalité des sexes et le principe de la liberté individuelle, sont sincèrement reconnus comme la clef de voûte du droit matrimonial et familial, ils entraînent comme conséquence, à la fois la suppression de la puissance maritale et l'établissement du régime légal de la séparation de biens ou de tout autre régime analogue, la législation basée au contraire sur le principe général d'autorité conduit infailliblement à l'incapacité de la femme et à la mainmise du mari à la fois sur le patrimoine commun et sur la fortune personnelle de l'épouse.

C'est ce principe qui a inspiré le projet de loi que nous vous soumettons aujourd'hui.

L'étude du droit comparé aboutit à la même conclusion l'examen des principales législations européennes, démontre en effet, l'existence certaine d'une proportionnalité presque mathématique entre les facilités accordées par la loi aux époux à l'égard du divorce, d'une part, et d'autre part, la capacité de la femme mariée et l'importance des droits reconnus à l'épouse soit sur ses biens personnels, soit sur les économies réalisées pendant la durée de l'association conjugale (Dépinay, *Revue du Notariat*, 1903).

Dans les pays où les lois relatives au mariage ont été récemment modifiées, en Angleterre, aux termes mêmes de la loi du 18 août 1882, qui refondant les lois antérieures, complète l'émancipation de la femme, l'Anglaise mariée est capable d'acquérir, de détenir et d'aliéner par testament ou autrement tous ses biens, meubles et immeubles, comme si elle n'était pas mariée et sans l'intervention d'un tuteur quelconque. La même loi reconnaît à la femme le droit de conserver comme sa propriété séparée et d'en disposer à son gré tous les biens meubles et immeubles qui lui appartiennent au jour de son mariage, ceux qu'elle acquiert pendant la durée de l'association conjugale, y compris tous gages et salaires et les produits de son commerce ou de son industrie, et ceux qui lui adviennent par succession, donation ou legs (V. traduction dans le *Bulletin de la Société de Législation comparée*, t. XI, p. 413); le régime légal anglais est donc le régime de la séparation de biens appliqué sans restriction.

Le divorce réglé en Angleterre par les actes du 28 août 1857 et du 2 août 1858 ne peut être prononcé que pour cause déterminée ; et ces causes sont l'adultère de la femme ou du mari, la cruauté (c'est-à-dire les excès et sévices d'une certaine gravité et même le refus de fournir à la femme les objets nécessaires à son existence), et l'abandon sans excuse pendant plus de deux ans. Mais une loi récente en vigueur depuis le 1er janvier 1896 organise une procédure rapide pour les situations spéciales qu'elle détermine : 1° La femme dont le mari a été condamné, pour sévices envers elle à une peine dépassant deux mois d'emprisonnement; 2° La femme abandonnée par son mari ; 3° Et la femme qui a quitté son mari, à la suite d'excès réitérés, ou de refus délibéré de pourvoir à son entretien et à celui de ses enfants mineurs. D'ailleurs une vive agitation se manifeste en Angleterre pour faire disparaître l'anomalie qui existe entre la capacité et la liberté de la femme mariée et la sévérité relative de la loi sur le divorce.

De son côté, le nouveau Code civil allemand sans être aussi libéral que les lois anglaises concède à la femme mariée une autonomie beaucoup plus accentuée que le droit français.

L'examen des législations des autres pays d'Europe fait savoir que sauf quelques rares exceptions qu'explique facilement la persistance atavique de traditions nationales invétérées ou l'opposition de la doctrine catholique à l'institution du divorce, partout où la loi consacre de nouvelles dérogations à la règle de l'indissolubilité du mariage, elle se trouve infailliblement amenée à augmenter la capacité de la femme mariée et à étendre l'action de l'épouse dans la gestion des affaires du ménage, le fait paraît démontré historiquement et pour ainsi dire géographiquement. Ainsi s'exprime M. Dépinay, *Revue du Notariat*, 1903.

L'évolution des mœurs introduit successivement le divorce dans les pays les plus réfractaires à l'idée de la rupture du lien conjugal par la volonté des époux ou de l'un d'eux ; mais la pratique du divorce ne tarde pas elle-même à transformer les mœurs. La multiplication des cas de dissolution du mariage est, en effet, il faut bien le reconnaître, une perpétuelle menace pour la sécurité de l'avenir de la femme. La jeune fille au moment de la célébration de son union, doit savoir que, même si elle n'a rien à se reprocher, elle pourra devenir victime, comme le mari du reste, de circonstances rendant inévitable le divorce; elle ne doit pas ignorer que le mariage ne présente plus pour elle une garantie certaine de durée. La prudence la plus élémentaire lui fait donc un devoir de ne rien négliger pour se rendre compte des exigences de la vie, de manière à se trouver en mesure, si les circonstances l'y obligent plus tard, de diriger sagement sa fortune et celle de ses enfants, et de pourvoir à l'entretien de la famille. Un véritable apprentissage pratique lui est nécessaire : l'extension de sa capacité juridique et de son autonomie à l'égard du mari lui en tient lieu ou le complète. Cette idée jointe au développement progressif et salutaire de l'indépendance de la femme à l'égard de l'homme dans la société moderne et à une généralisation parfois d'ailleurs excessive et erronée, du principe de l'égalité des sexes justifie cette sorte de parallélisme fatal entre l'accroissement des droits de la femme mariée et l'élargissement du divorce.

Le projet de réforme du mariage que nous proposons à votre

vote répond à n'en pas douter à toutes les propositions que nous venons de poser. Nous le complétons en abrogeant dans nos lois pénales les articles ayant trait à l'adultère de la femme et du mari.

Le divorce fait en effet disparaître l'indissolubilité du lien conjugal, il en résulte que l'adultère n'est plus une cause de délit, que ce soit l'homme ou la femme qui le commette, c'est une cause de divorce; l'adultère ne peut plus être une excuse au meurtre de la femme et de son complice.

Nous demandons la suppression des peines de l'adultère parce qu'aujourd'hui les poursuites en cette matière sont ou une vengeance ou un procédé; que la société qui a fait la loi pour sa défense ne peut se prêter par la loi ni à une vengeance ni à un procédé. Elle l'a si bien compris que de par le code elle ne peut intervenir que si elle y est requise par l'un des époux qui reste le maître de ses actions, et s'il faut que l'un des époux provoque la société à le faire respecter en le vengeant, la société nous paraît bien peu soucieuse de son prestige, bien disposée à ne rien faire (Henri Coulon, *Abrogation des peines en matière d'adultère*, 1892).

PROJET DE LOI DU COMITÉ

CHAPITRE PREMIER

Du mariage. — Des conditions requises pour contracter mariage

Art. 1er. — L'homme avant dix-huit ans révolus, la femme avant quinze ans révolus, ne peuvent contracter mariage. Néanmoins, il est permis au juge de paix du domicile de l'époux qui réclame une dispense d'âge de l'accorder pour grossesse.

Art. 2. — La femme ne perdra sa nationalité par le fait de son mariage contracté en France, ou devant les autorités françaises à l'étranger que si elle déclare vouloir appartenir au même pays que son mari.

Art. 3. — Il n'y a pas de mariage lorsqu'il n'y a pas de consentement.

Art. 4. — On ne peut contracter un second mariage avant la dissolution du premier.

Art. 5. — Le fils qui n'a pas atteint l'âge de vingt et un ans accomplis, la fille qui n'a pas atteint l'âge de dix-huit ans accomplis, ne peuvent contracter mariage sans le consentement de leur père ou de leur mère ou de leur tuteur, sauf en cas de grossesse.

Art. 6. — En cas de divorce, les enfants n'auront à justifier que du consentement de celui des époux qui en aura la garde.

Art. 7. — En ligne directe, le mariage est prohibé entre tous les ascendants et descendants et les alliés au même degré.

Art. 8. — En ligne collatérale, le mariage est prohibé entre le frère et la sœur.

CHAPITRE II

Des formalités relatives au mariage

Art. 9. — Le mariage est un engagement qui est formé par tout acte d'où résultent l'identité des contractants et leur volonté de s'unir.

Art. 10. — Cet acte doit être transcrit gratuitement sur les registres de l'état civil de la résidence de l'une des parties.

Une formule facultative d'engagement imprimé doit être remise gratuitement dans toutes les mairies, à toutes les personnes en faisant la demande.

Art. 11. — Le mariage contracté en pays étranger entre Français et entre Français et étrangers sera valable, s'il a été célébré dans les formes usitées dans le pays et que le Français n'ait point contrevenu aux dispositions contenues dans les articles précédents.

Art. 12. — Dans les trois mois après le retour du Français sur le territoire de la République, l'acte de mariage contracté en pays étranger sera transcrit sur les registres do l'état civil de sa résidence.

Art. 13. — Le droit de former opposition à la transcription de l'acte de mariage sur les registres de l'état civil appartient aux plus proches parents ou, à leur défaut au tuteur du mineur ou au procureur de la République. Cette opposition ne pourra avoir lieu qu'en cas de démence du futur époux : elle ne sera jamais reçue qu'à la charge par l'opposant de provoquer l'interdiction et d'y faire statuer dans le délai qui sera fixé par le jugement.

Art. 14. — L'officier d'état civil se fera transmettre par voie administrative et sans frais sur la demande des futurs conjoints, l'acte de naissance de chacun d'eux.

Art. 15. — Le consentement du père ou de la mère ou du tuteur contiendra les prénoms, nom, profession et résidence de celui qui aura concouru à l'acte.

Art. 16. — On énoncera dans l'acte de mariage : 1° les prénoms, noms, professions, âge, lieux de naissance et résidence des époux ;

2° Le consentement des père et mère ou tuteur, lorsque la fille a moins de dix-huit ans et le fils moins de vingt et un ans ;

3° Le consentement des époux.

Il sera fait mention du mariage en marge de l'acte de naissance des époux.

Art. 17. — Les officiers de l'état civil qui auraient contrevenu aux règles posées dans les articles précédents pourront être frappés des peines civiques prévues par l'article 42 du Code pénal, sans préjudice des dommages et intérêts dont ils seront passibles à la requête des parties.

CHAPITRE III

Des obligations qui naissent du mariage

Art. 18. — Les deux époux ont des droits et des devoirs égaux.

Art. 19. — Ils se doivent mutuellement fidélité, aide et assistance.

Art. 20. — Les époux contractent ensemble, par le seul fait du mariage, l'obligation de nourrir, entretenir et élever leurs enfants.

Art. 21. — Les enfants doivent des aliments à leurs père et mère et autres ascendants qui sont dans le besoin à moins que ceux-ci aient manqué manifestement et volontairement aux obligations prescrites par l'article 20.

De leur côté, les père et mère ou autres ascendants doivent des aliments à leurs enfants majeurs ou émancipés qui sont dans le besoin sauf en cas d'indignité des enfants.

Art. 22. — Les aliments ne sont accordés que dans la proportion des besoins de celui qui les réclame et de la fortune de celui qui les doit.

Art. 23. — Lorsque celui qui fournit ou celui qui reçoit des aliments est replacé dans un état tel que l'un ne puisse plus en donner ou que l'autre n'en ait plus besoin, en tout ou partie, la décharge ou réduction peut en être demandée.

Art. — 24. — Si la personne qui doit fournir des aliments justifie qu'elle ne peut payer la pension alimentaire, le tribunal pourra, en connaissance de cause, ordonner qu'elle recevra dans sa demeure, qu'elle nourrira et entretiendra celui auquel elle devra des aliments.

Art. 25. — Le tribunal prononcera également si le père ou la mère qui offrira de recevoir, nourrir et entretenir dans sa demeure, l'enfant à qui il devra des aliments, devra dans ce cas être dispensé de payer la pension alimentaire.

CHAPITRE IV

De la dissolution du mariage

Art. 26. — Le mariage se dissout par la mort de l'un des époux ou par le divorce.

CHAPITRE V

Du second mariage

ART. 27. — Les époux ne peuvent contracter un nouveau mariage qu'après dix mois révolus, depuis la dissolution du mariage précédent, sauf s'il y a accord entre eux.

CHAPITRE VI

Du régime matrimonial

ART. 28. — Le régime légal obligatoire du mariage est la séparation de biens.

ART. 29. — Chacun des époux contribue aux charges du mariage, suivant les conventions contenues en leur contrat, et s'il n'y a pas de contrat ou. si, dans le contrat, il n'y a pas de convention sur ce point, la femme contribue à ces charges jusqu'à concurrence de la moitié de ses revenus ou de ses gains.

ART. 30. — La femme mariée a le plein exercice de sa capacité civile.

ART. 31. — Lorsque l'un des époux a laissé la jouissance de ses biens à l'autre, celui-ci n'est tenu, soit sur la demande que son conjoint pourrait lui faire, soit à la dissolution du mariage, qu'à la représentation des fruits existants, et il n'est point comptable de ceux qui auront été consommés jusqu'alors.

ART. 32. — Les deux conjoints peuvent former entre eux une société civile ou commerciale.

ART. 33. — Dans le cas où aucun élément ne permettra la liquidation des biens suivant l'article 28 et où il n'y aura pas eu de stipulation contraire, cette liquidation se fera par le partage égal entre les époux des bénéfices réalisés par le mariage.

CHAPITRE VII

Des causes de divorce

ART. 34. — Les articles 114 à 312 du Code civil sont abrogés. Sont également abrogés les articles 336 à 339 et 324 du Code pénal.

Art. 35. — Le divorce a eu lieu par le consentement mutuel des époux.

Art. 36. — L'un des époux peut faire prononcer le divorce, pour incompatibilité d'humeur ou de caractère, sur une déclaration réitérée de six mois en six mois, pendant deux ans.

Art. 37. — Les causes que peuvent invoquer les époux demandeurs et qui, reconnues fondées rendent le divorce obligatoire sont :

1° L'adultère ;

2° La condamnation à une peine aflictive et infamante;

3° La condamnation à une peine correctionnelle pour vol, escroquerie, abus de confiance ;

4° L'abandon volontaire du domicile conjugal pendant deux ans ;

5° L'aliénation mentale de l'un des époux, ayant entraîné son internement et son interdiction ;

6° L'ivrognerie invétérée, les maladies vénériennes graves.

CHAPITRE VIII

De la procédure de divorce par consentement mutuel

Art. 38. — Le divorce peut être admis par consentement mutuel des époux lorsque le mari a vingt-cinq ans au moins et la femme au moins vingt et un ans.

Art. 39. — Le consentement mutuel ne sera admis qu'après deux ans de mariage.

Art. 40. — Les époux qui voudront divorcer par consentement mutuel devront, au préalable, faire inventaire et estimation de leurs biens, meubles et immeubles, et régler leurs droits respectifs sur lesquels ils seront libres de transiger.

Art. 41. — Ils devront constater par écrit, en même temps :

1° A qui les enfants de leur union seront confiés, soit pendant le temps d'épreuve, soit après le divorce prononcé;

2° Quelle somme le mari devra payer à sa femme pendant le même temps, si elle n'a pas de revenus suffisants pour subvenir à ses besoins.

Art. 42. — Les époux ivorcer par consentement mutuel se présenteront semble et en personne devant le Prési-

dent du tribunal de leur arrondissement et lui feront la déclaration de leur volonté.

ART. 43. — Le juge leur donnera lecture du titre du Code qui
règle les « Effets du divorce » et leur développera toutes les conséquences légales de leurs démarches.

ART. 44. — Si les époux persistent dans leur résolution, il leur
sera donné acte, par le juge, de ce qu'ils demandent le divorce et
y consentent mutuellement. Ils seront tenus è cet instant de pro-
duire la convention prévue par l'article 41 et le juge en ordonnera
le dépôt au greffe ainsi que leur acte de mariage, et des actes de
naissance et de décès des enfants nés de leur union.

ART. 45. — Le juge fera immédiatement dresser par son
greffier un procès-verbal détaillé de tout ce qui aura été dit et
fait. Ce procès-verbal et les pièces ci-dessus indiquées seront
déposés au greffe du Tribunal.

ART. 46. — Cette déclaration sera renouvelée trois fois dans
l'année, de trois en trois mois, dans la première quinzaine, des
quatrième, septième et dixième mois. Chacune de ces déclarations
sera constatée par le juge dans un procès-verbal déposé au
greffe.

ART. 47. — Dans la quinzaine du jour où sera révolue l'année
à compter de la première déclaration, les époux se présenteront
ensemble devant le président du Tribunal. Le juge se fera remettre
par le greffier les procès-verbaux et les pièces annexées. Les époux
requéreront alors du magistrat, chacun séparément, l'admission
du divorce.

ART. 48. — Il leur sera donné acte de leur réquisition par le
juge. Le greffier du tribunal dressera un dernier procès-verbal
qui sera signé par les parties, par le juge et le greffier.

ART. 49. — Le juge mettra de suite, au bas de ce procès-
verbal, une ordonnance portant que, dans les trois jours il sera
par lui référé du tout au Tribunal en la Chambre du Conseil, sur
les conclusions par écrit du procureur de la République, auquel
les pièces seront, à cet effet, communiquées par le greffier.

ART. 50. — Si le procureur de la République trouve dans les
pièces la preuve que les deux époux étaient âgés, le mari de
vingt-cinq ans, la femme de vingt et un ans ; qu'ils ont fait leur
première déclaration ; qu'à cette époque ils étaient mariés depuis
deux ans ; que le consentement mutuel a été exprimé quatre fois
dans le cours de l'année dans les conditions prescrites par la loi,
il donnera ses conclusions en ces termes : La loi permet ; dans le

cas contraire, ses conclusions seront en ces termes : La loi empêche.

ART. 51. — Le Tribunal, sur le référé, ne pourra faire d'autres vérifications que celles indiquées par l'article précédent. Si les parties ont satisfait aux conditions imposées par la loi, le Tribunal admettra le divorce et en ordonnera la transcription sur les registres de l'état civil, en marge de l'acte de mariage, et ce dans le délai d'un mois à la diligence du greffier du Tribunal.

Dans le cas contraire, le Tribunal déclarera qu'il n'y a pas lieu d'admettre le divorce et donnera le motif de sa décision.

ART. 52. — L'appel du jugement qui aurait déclaré ne pas y avoir lieu à admettre le divorce, ne sera recevable qu'autant qu'il sera interjeté par les deux parties, et néanmoins par actes séparés, dans les dix jours au plus tôt, et au plus tard dans les vingt-trois jours de la date du jugement de première instance.

ART. 53. — Les actes d'appel seront réciproquement signifiés tant à l'autre époux qu'au Procureur de la République.

ART. 54. — Dans les dix jours, à compter de la signification qui lui aura été faite du second acte d'appel, le Procureur de la République fera passer au Procureur Général l'expédition du jugement et des pièces sur lesquelles il est intervenu. Le Procureur Général donnera ses conclusions par écrit dans les dix jours qui suivront la réception des pièces et dans les termes indiqués par l'article 50.

Le Président ou un des conseillers composant la Chambre du Conseil de la Cour d'appel fera un rapport à la Cour en Chambre du Conseil, et il sera statué dans les dix jours qui suivront la remise des conclusions du Procureur.

CHAPITRE IX

De la procédure de divorce pour incompatibilité d'humeur ou de caractère.

ART. 56. — Le divorce pour incompatibilité d'humeur ou de caractère ne sera admis qu'après deux ans de mariage.

ART. 57. — L'époux qui veut former une demande de divorce pour incompatibilité d'humeur ou de caractère présente, en personne, sa requête au Président du Tribunal ou au juge qui en fait fonction.

En cas d'empêchement dûment constaté, le magistrat se transporte assisté de son greffier au domicile de l'époux sur sa demande.

ART. 58. — Le juge après avoir entendu le demandeur et lui avoir fait les observations qu'il croit convenables, ordonne au bas de la requête que les parties comparaîtront devant lui au jour et à l'heure qu'il indique et commet un huissier pour notifier les citations.

ART. 59. — Le juge doit par ordonnance permettant de citer, autoriser l'époux demandeur à résider séparément, si la demande lui en est faite.

ART. 60. — La requête et l'ordonnance sont signifiées en tête de la citation donnée à l'époux défendeur trois jours au moins avant le jour fixé pour la comparution outre les délais de distance, le tout à peine de nullité.

Cette citation est délivrée par huissier commis et sous pli fermé.

ART. 61. — Au jour indiqué le juge entend les parties en personne; si l'une d'elles se trouve dans l'impossibilité de se rendre auprès du juge, ce magistrat détermine le lieu où sera tentée la conciliation ou donne commission pour entendre le défendeur, puis le juge donnera lecture du titre du code qui règle les « effets du divorce » et développera toutes les conséquences légales qui en résultent.

En cas de non conciliation ou de défaut il rend une ordonnance qui contaste la non-conciliation ou le défaut et qui invite les époux à se représenter devant lui six mois après, avec commission d'un huissier pour les citer à cette nouvelle date.

ART. 62. — Le juge statue par cette ordonnance sur la garde provisoire des enfants, sur la remise des effets personnels et s'il y a lieu sur la demande d'aliments.

Cette ordonnance est exécutoire par provision : elle est susceptible d'appel dans les délais fixés par l'article 809 du Code de procédure.

ART. 63. — Au bout de six mois et sur citation par l'huissier commis les parties se présenteront devant le juge. Si le défendeur ne comparaît pas, défaut sera donné contre lui, puis le juge fixera une nouvelle comparution à six mois sur une nouvelle citation par un huissier commis.

ART. 64. — La même procédure sera suivie de six mois en six mois pour les autres épreuves. Chacune des quatre citations et comparution sera constatée par le juge dans un procès-verbal déposé au greffe.

Art. 65. — Après la dernière comparution, le juge renverra les parties devant le Tribunal qui devra prononcer le divorce et règlera la question des enfants et des aliments s'il y a lieu.

Art. 66. — Le Tribunal rendra un jugement non motivé dans la quinzaine du renvoi par le juge; ce jugement ne sera pas susceptible d'appel, sauf sur la question des enfants et des aliments et l'appel ne sera pas suspensif au point de vue de la transcription du divorce.

Art. 67. — L'appel du jugement en ce qui concerne la question des enfants et des aliments sera jugée comme les appels ordinaires.

Art. 68. — Si l'époux contre lequel le divorce est demandé y acquiesce au cours des formalités ci-dessus, la demande rentrera dans le cas des instances par consentement mutuel et les délais écoulés durant la première instance seront réputés valables. Néanmoins les questions relatives aux enfants et aux biens qui n'auront pas été réglées comme en matière de divorce par consentement mutuel resteront soumises à la juridiction des tribunaux civils comme il a été dit ci-dessus.

CHAPITRE X

De la procédure de divorce pour causes déterminées.

Art. 69. — La procédure de divorce prévue par les art. 57 à 60 inclusivement est applicable au divorce pour causes déterminées.

Art. 70. — Au jour indiqué le juge entend les parties en personne; si l'une d'elles se trouve dans l'impossibilité de se rendre auprès du juge, ce magistrat détermine le lieu où sera tentée la conciliation; ou donne commission rogatoire pour entendre le défendeur. En cas de non-conciliation, le juge demande aux parties assistées de leurs conseils, avocats ou avoués si elles le désirent, leurs explications, leurs raisons de demander le divorce. Le greffier dresse de leurs déclarations et de leurs aveux un procès-verbal qui sera joint à l'ordonnance qui constate la non-conciliation; le juge autorise ensuite le demandeur à assigner devant le Tribunal; si le défendeur fait défaut la procédure sera la même.

Le juge statue par son ordonnance sur la garde provisoire des enfants, sur la remise des effets personnels en cas de contestation et sur la demande d'aliments. Cette ordonnance est exécutoire par provision et n'est pas susceptible d'appel ; mais dès que le tribunal est saisi, les mesures provisoires ordonnées par le juge peuvent être modifiées ou complétées par jugement du tribunal si la demande lui en est faite. L'époux demandeur en divorce devra user de la permission de citer qui lui a été accordée, par l'ordonnance du Président dans un délai de vingt jours à partir de cette ordonnance.

Faute par l'époux demandeur d'avoir usé de cette permission dans ledit délai, les mesures provisoires ordonnées à son profit cesseront de plein droit.

Art. 71. — La cause est instruite et jugée dans la forme ordinaire, le ministère public entendu. Les demandes reconventionnelles en divorce peuvent être introduites en tout état de cause sauf devant la Cour de cassation par un simple acte de conclusions.

Les tribunaux peuvent comme en toute matière ordonner le huis clos. La reproduction des débats par la voie de la presse est interdite sous peine de l'amende de 100 à 2.000 francs, édictée par l'article 39 de la loi du 30 juillet 1881.

Art. 72. — Tous les modes de preuves sont admis en matière de divorce ; lorsqu'il y a lieu à enquête, elle est faite conformément aux dispositions des articles 252 et suivants du Code de procédure civile.

Les parents à l'exception des descendants naturels ou légitimes, et les domestiques des époux peuvent être entendus comme témoins.

Art. 73. — L'action en divorce s'éteint par la reprise de la vie commune, mais elle peut toujours être réouverte pour les causes anciennes. L'action en divorce s'éteint également par le décès de l'un des époux survenu avant que le jugement soit devenu définitif par la transcription.

Art. 74. — Le jugement ou l'arrêt qui prononce le divorce par défaut est signifié par huissier commis.

L'opposition est recevable dans le mois de la signification, si elle a été faite à personne, et, dans le cas contraire dans les huit mois qui suivront la signification faite à domicile ou au Parquet.

Art. 75. — L'appel est recevable pour les jugements contradictoires dans les délais fixés par les articles 443 et suivants du Code de procédure civile.

S'il s'agit d'un jugement par défaut, le délai ne commencera à courir qu'à partir du jour où l'opposition n'est plus recevable.

En cas d'appel, la cause s'instruit à l'audience ordinaire et comme affaire urgente.

Le délai pour se pourvoir en cassation court du jour de la signi-fication à partie, pour les arrêts contradictoires, et pour les arrêts par défaut du jour où l'opposition n'est plus recevable. Le pour-voi est suspensif.

Art. 76. — Extrait du jugement ou de l'arrêt qui prononce le divorce est inséré dans l'un des journaux qui se publient dans le lieu où siège le Tribunal, ou, s'il n'y en a pas, dans l'un de ceux qui paraissent dans le département.

Art. 77. — La transcription est faite à la diligence de l'une ou de l'autre partie. — A cet effet, l'une ou l'autre partie portera à la connaissance de l'officier de l'état civil compétent le jugement ou arrêt prononçant le divorce.

Cette transcription est faite sans frais par les soins de l'officier de l'état civil, le cinquième jour après qu'il a eu connaissance du jugement ou de l'arrêt, non compris les jours fériés, sous les peines édictées par l'article 50 du Code civil.

Le jugement, dûment transcrit remonte, quant à ses effets entre les époux, au jour de la demande.

CHAPITRE XI

Des effets du divorce

Art. 78. — Après le divorce par consentement mutuel, pour incompatibilité d'humeur ou de caractère ou du divorce pour causes déterminées, les époux ne pourront contracter un nouveau mariage que dix mois après la transcription du divorce sur les registres de l'état-civil, sauf s'il y a accord entre eux.

Art. 79. — Les époux perdront par le divorce, sous quelque forme qu'il ait été demandé, les avantages qu'ils s'étaient consen-tis pendant le mariage.

Art. 80. — Des dommages-intérêts seront accordés à celui des époux qui établira qu'un préjudice matériel lui a été causé du fait de son divorce.

Le chiffre de ces dommages-intérêts ne pourra, en aucun cas, excéder le quart de la fortune de l'époux qui y sera condamné.

L'époux contre lequel le divorce aura été prononcé pour causes déterminées n'aura jamais droit à des dommages-intérêts.

ART. 81. — Les enfants seront confiés à la mère, à moins que le Tribunal n'ordonne pour leur plus grand avantage que tous ou quelques-uns d'entre eux seront confiés aux soins soit du père soit d'une tierce personne.

ART. 82. — Quelle que soit la personne à laquelle les enfants seront confiés, les père et mère conserveront respectivement le droit de surveiller leur entretien et leur éducation et seront tenus d'y contribuer à proportion de leurs facultés.

ART. 83. — Les articles 63 à 77 et 1387 à 1582 du Code civil sont abrogés.

ANGERS. — IMPRIMERIE A. BURDIN ET Cⁱᵉ, 4, RUE GARNIER.

IMP. ORIENTALE A. BURDIN ET Cie, ANGERS